Tormentas eléctricas

por Jim Mezzanotte
Consultora de ciencias y contenido curricular: Debra Voege, M.A.,
maestra de recursos curriculares de ciencias y matemáticas

Especialista en lectura: Linda Cornwell, consultora de lectoescritura

WEEKLY READER®
PUBLISHING

Please visit our web site at **www.garethstevens.com**.
For a free color catalog describing our list of high-quality books,
call 1-800-542-2595 (USA) or 1-800-387-3178 (Canada).
Our fax: 1-877-542-2596

Library of Congress Cataloging-in-Publication Data

Mezzanotte, Jim.
    [Thunderstorms. Spanish]
    Tormentas eléctricas / por Jim Mezzanotte ; especialista en lectura, Linda Cornwell ;
consultora de ciencias y contenido curricular, Debra Voege.
      p. cm. — (Tiempo extremo)
    Includes bibliographical references and index.
    ISBN-10: 1-4339-2357-2   ISBN-13: 978-1-4339-2357-9 (lib. bdg.)
    ISBN-10: 1-4339-2371-8   ISBN-13: 978-1-4339-2371-5 (softcover)
    1. Thunderstorms—Juvenile literature. I. Title.
QC968.2.M49318   2010
551.55'4—dc22
                                                2009006588

This edition first published in 2010 by
Weekly Reader® Books
An Imprint of Gareth Stevens Publishing
1 Reader's Digest Road
Pleasantville, NY 10570-7000 USA

Copyright © 2010 by Gareth Stevens, Inc.

Executive Managing Editor: Lisa M. Herrington
Senior Editor: Barbara Bakowski
Creative Director: Lisa Donovan
Designer: Melissa Welch, *Studio Montage*
Photo Researcher: Diane Laska-Swanke
Spanish Translators: Tatiana Acosta and Guillermo Gutiérrez

Photo credits: Cover, title VR Photos/Shutterstock; pp. 5, 9, 14 © Weatherpix Stock
Images; pp. 3, 4, 8, 17, 20, 22, 24 © PhotoDisc/Elements; pp. 6, 7, 18 © AP Images;
p. 10 © Jim Reed/Photo Researchers, Inc.; pp. 12, 13 Scott M. Krall/© Gareth Stevens Inc.;
p. 11 © Onne van der Wal/CORBIS; p. 15 © Hank Baker/Weatherpix Stock Images; p. 16
© ukrphoto/Shutterstock; p. 19 Marvin Nauman/FEMA News Photo

Printed in the United States of America

1 2 3 4 5 6 7 8 9 12 11 10 09

Contenido

Las palabras en **negrita** aparecen en el glosario.

CAPÍTULO 1

Rayos y truenos

¿Has visto alguna vez una tormenta eléctrica? Los **rayos** iluminan el cielo. Se oye un sonoro **trueno.** Cae una intensa lluvia.

Los rayos son **electricidad.** Son un tipo de **energía,** como la que usamos para iluminar nuestros hogares.

Las tormentas comienzan con lluvia y descargas eléctricas.

Las intensas lluvias de una tormenta eléctrica pueden causar inundaciones.

Una tormenta eléctrica puede ser peligrosa. Los rayos pueden ocasionar incendios. Las intensas lluvias pueden causar **inundaciones.**

¡En el mundo se produce una tormenta eléctrica cada minuto! En Estados Unidos, la mayoría de las tormentas eléctricas ocurren en verano.

Florida es el estado con mayor número de tormentas eléctricas en Estados Unidos.

CAPÍTULO 2
Las tormentas eléctricas en acción

Las tormentas eléctricas empiezan a formarse con aire caliente y húmedo. Este aire está lleno de un **gas** llamado **vapor de agua,** que no se puede ver.

El aire caliente y húmedo sube y se enfría. A mayor altura, el vapor de agua se convierte en gotas de agua. Las gotas se unen y forman una nube.

Las nubes de tormenta crecen con rapidez en el cielo de verano.

La nube está llena de agua. Las grandes gotas de agua pesan mucho y comienzan a caer.

Estas oscuras nubes de tormenta traen intensas lluvias.

La parte superior de la nube es más fría que la inferior. En la parte superior, el vapor de agua se transforma en hielo.

Vientos fríos soplan hacia abajo desde la nube.

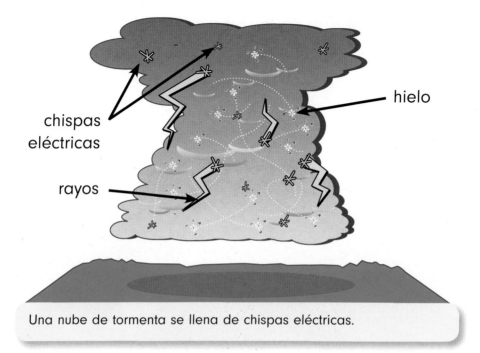

chispas
eléctricas

hielo

rayos

Una nube de tormenta se llena de chispas eléctricas.

En el interior de la nube, los trozos de hielo
chocan entre sí. Al hacerlo, producen chispas
de electricidad.

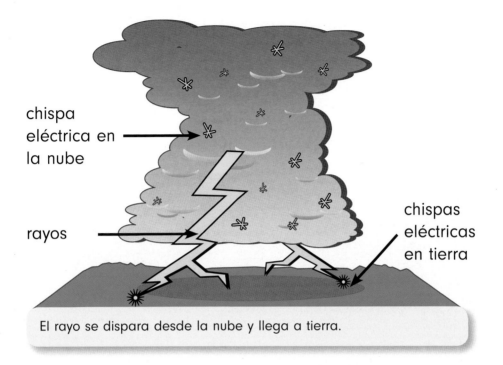

chispa eléctrica en la nube

rayos

chispas eléctricas en tierra

El rayo se dispara desde la nube y llega a tierra.

Las chispas en una nube y las que se producen en tierra se atraen mutuamente. La electricidad fluye entre la nube y la tierra. Vemos esta electricidad como la descarga de un rayo.

La descarga de un rayo puede producirse también de una nube a otra, e incluso en el interior de una misma nube.

A veces, los rayos saltan de una nube a otra.

La descarga de un rayo produce mucho calor. El calor del rayo hace que explote el aire que lo rodea. Unos segundos más tarde, escuchamos el trueno. Es el sonido de esa explosión.

La lluvia termina cuando desaparece la tormenta.

Una tormenta eléctrica desaparece cuando los vientos fríos impiden que el aire caliente suba. Una tormenta suele durar menos de una hora.

CAPÍTULO 3
Tormentas eléctricas formidables

Las tormentas eléctricas son muy poderosas.
Las intensas lluvias pueden hacer que los
ríos se desborden. El agua inunda calles
y casas.

Los rayos suelen alcanzar objetos altos, como árboles y edificios. Éstos pueden incendiarse.

Un rayo golpea un rascacielos en Chicago, Illinois.

Los fuertes vientos de una tormenta eléctrica pueden aplastar casas. A veces, los rayos alcanzan a alguna persona.

CAPÍTULO 4

Cómo protegerse en una tormenta eléctrica

Los científicos vigilan la formación de nubes tormentosas y avisan a la gente cuando se acerca una tormenta. ¡Cuanto más sepamos sobre las tormentas, más seguros estaremos!

¿Cómo nos podemos proteger?

Dentro de una casa:

- Alejarnos de las ventanas.

- No hablar por teléfono ni usar una computadora. Un rayo puede descargarse a través de los cables.

- No abrir el grifo del agua. Un rayo puede descargarse a través del agua.

Al aire libre:

- Alejarnos de los árboles altos y de los campos abiertos.

- Salir del agua, si estamos nadando.

- No pasear en bicicleta.

- Refugiarnos en un edificio resistente.

- Un auto es seguro. Hay que mantener las ventanas cerradas.

Glosario

electricidad: un tipo de energía que fluye de un objeto a otro

energía: capacidad de hacer algo, como iluminar una vivienda

gas: estado (como el vapor de agua) en que la materia no es sólida (como el hielo) ni líquida (como el agua)

inundaciones: acumulación de agua en un terreno normalmente seco

rayo: descarga de electricidad en el aire

trueno: ruido de la explosión del aire próximo a la descarga de un rayo

vapor de agua: agua en forma de gas

Más información

Libros

Cambios del estado del tiempo: Las tormentas. Cambios que suceden en la naturaleza (series). Kelley MacAulay y Bobbie Kalman (Crabtree Publishing, 2006)

¡Rambum! ¡Pum!: Un libro sobre tormentas. Ciencia asombrosa: El tiempo. Rick Thomas (Picture Window Books, 2007)

Páginas web

FEMA para niños: Tormentas eléctricas
www.fema.gov/kids/thunder
Conozcan datos reales y mitos sobre los rayos, así como importantes consejos sobre seguridad.

Weather Wiz para niños: Rayos
www.weatherwizkids.com/lightning1.htm
Encuentren gran cantidad de divertidas actividades.

Índice

Información sobre el autor

Jim Mezzanotte ha escrito muchos libros para niños. Vive en Milwaukee, Wisconsin, con su esposa y sus dos hijos. Siempre ha estado interesado en los fenómenos atmosféricos, especialmente en las grandes tormentas.